Secretos para Influencers:

Growth Hacks para Tik Tok

.

Índice de contenido

Guía completa para ganar seguidores y monetizar Tik Tok

Una de las redes sociales como mayor impacto en la actualidad es Tik Tok, desde el 2019 su popularidad no ha dejado de crecer, incluso superó toda clase de expectativa, esta plataforma se encuentra conformada por un target juvenil dedicado para adolescentes, ya que el 80% de los usuarios poseen entre 13 y 25 años.

El alcance de esta red social ha causado que se convierta en el objetivo de muchos influencers, por esta razón si buscas construir una gran presencia y conseguir seguidores, necesitas conocer a profundidad todo lo que hay detrás de esta red social para que puedas emprender por todo lo alto.

Descubre cada detalle de Tik Tok

La posibilidad de crecer de forma personal en Tik Tok se encuentra en tus manos, se trata de una red social dedicada a los videos que se ha convertido en una de las más descargadas, por ello en la actualidad es una gran necesidad obtener más conocimientos para explorar todas las posibilidades al compartir contenido original.

El uso de esta red social se encuentra disponible tanto para Android como para IOS, permitiendo una amplia red de usuarios activos, quienes pueden disfrutar y compartir de 15 o 60 segundos máximos de videos, su dinámica se basa en una fusión entre historias de Instagram junto con Snapchat.

En medio de esta red social se encuentra un amplio catálogo de audios y músicas de libre licencia para que los videos puedan recibir ese tipo de animación, además de esto se encuentra disponible la opción de integrar un audio propio y compartirlos para que otros usuarios los puedan usar sobre sus videos.

Normalmente la esencia de esta red social se basa en doblajes y toda clase de escenas, no hay límite alguno para conmemorar la escena que desees con las ventajas de esta aplicación, todo gracias a las funciones que surgen por medio de la inteligencia artificial, para empezar a disfrutar de las formas de grabar.

Existen dos formas de grabar en Tik Tok, la primera es desde la propia aplicación, para que luego se pueda abrir paso a integrar toda clase de efectos, por otro lado también se puede hacer la grabación desde otra aplicación para subir el video desde tu propia galería.

La creatividad no se limita gracias a la gran cantidad de efectos que se pueden utilizar sobre los videos, pueden ser máscaras, transiciones y sonidos, a esto se suma el uso de hashtags, donde se gana visibilidad para que el contenido pueda llegar a más usuarios, por ello es un medio dedicado al entretenimiento.

¿Qué tipo de videos se pueden subir a Tik Tok?

Las bases de los videos de Tik Tok se basan en el uso de filtros, efectos y demás herramientas que la propia aplicación brinda, por ello se encuentra tanta variedad de contenido original cada quien puede agregar su toque para grabar videos y dentro de los estilos más populares de grabación se encuentran los siguientes:

Playback

La modalidad de este video consiste en realizar la interpretación de un audio existente dentro de esta aplicación, donde la dinámica se lleva a cabo con una gran acción de gesticular cada aspecto que tenga relación con el audio, para que parezca que eres tú la que canta, este tipo de video cuenta con una gran popularidad.

Dueto

Una característica que brinda Tik Tok y es muy usada es la acción de los duetos, con otro usuario te puedes dedicar a crear contenido, lo único que debes hacer es seleccionar el video del otro usuario, para grabar el video reaccionando al que hayas elegido, de ese modo saldrán en la pantalla ambos videos al mismo tiempo.

Slow-motion

Por medio de esta clase de video obtienes una gran alternativa muy conocida sobre los adolescentes, el efecto consiste en grabar en cámara lenta, esto se junta con el audio que sea ideal para ese tipo de grabación, esta es una opción de grabación un poco compleja, por ello Tik Tok los valora en la página de recomendados.

Interpretación

Existen muchos tipos de videos de interpretación en Tik Tok, los que causan mejor visibilidad sobre la red social son los cómicos, ya sea por medio de un chiste o una historia inventada, lo importante es que la narración se pueda hacer de forma exagerada para que ese tipo de carisma pueda enganchar a los demás.

Trucos / enseñanza

A la comunidad de Tik Tok le apasiona aprender, por ello para subir por encima de la competencia este es un camino óptimo, donde de forma rápida puedes explicar acerca de un tema manteniendo el rol entretenido, es ideal para compartir recetas y también para generar una crítica sobre alguna película favorita.

La popularidad de Tik Tok

La atención que brinda una red social como Tik Tok se basa en su enfoque sobre todo lo que te interesa, su funcionamiento se extiende por completo a fijarse sobre la sección de favoritos, logrando brindar a los usuarios la ventaja de deshacerse del contenido que no sea agradable.

Las facultades de Tik Tok permiten seleccionar de forma prolongada la opción de "No interesado", de ese modo se emite una señal directa de no querer toparte más con ese tipo de contenido, ante tantas facilidades que cuenta el usuario, obliga a generar mejor contenido, es un esfuerzo a considerar para ser influencer.

Sin embargo las opciones no se detienen, porque se puede ocultar alguna clase de contenido determinado, para que lo que se encuentra fuera de tus intereses no pueda llegar a molestar, aunque a esto se suma la consideración de que al limitar y optimizar la experiencia sobre la red social esto influye sobre las secuencia de tus videos.

La utilidad de Tik Tok sobre tu content marketing

Todos los hitos que Tik Tok ha superado se postulan como importantes motivos para apasionarse por intentar algún objetivo publicitario sobre la plataforma, ya que los grupos y la audiencia es una brillante oportunidad para postular tus aspiraciones de crecer, porque se podrán llegar a todo tipo de clientes sin importar el país o el negocio.

No se trata de una simple plataforma de moda, sino que se trata de un medio masivo que resulta conveniente para todo tipo de marca, por ello se puede entrar en cualquier vivienda, grupo social, no hay ningún tipo de límite, por otro lado se encuentran ciertos formatos de anuncios que funcionan como un gran incremento de interacción.

Cada esfuerzo para realizar marketing sobre redes sociales encaja con Tik Tok, incluso para realizar B2B, esta red social presenta un enorme atractivo, sobre todo si tu audiencia objetivo se encuentra presente sobre Tik Tok, para lograr interactuar de forma real y presentar el tema de tu industria por un camino más creativo.

Integrar al video a cualquier pretensión comercial es una obligación, sobre todo para que tu negocio se transforme en un medio influyente, donde el producto o servicio se puede mostrar usándolo en la vida real, esta es una gran oportunidad para hacer publicidad por todo lo alto, logrando una base de usuarios con dinámicas y herramientas.

Tik Tok para empresas y sus ventajas

El poder que ha generado Tik Tok rompe con cualquier esquema, por ello es un objetivo para muchas empresas debido a que pueden llegar hasta esa gran cantidad de usuarios que se mantiene usando la aplicación varias veces al día, con su medida de uso se transforma en una métrica de primer nivel en comparación de otras redes sociales.

La opción de humanizar una intención comercial por medio de esta red social es una realidad, sobre todo por el gran nivel de engagement que puedes obtener gracias a los contenidos creados, ya que el alcance orgánico es de primer nivel para llegar lejos sin importar la poca cantidad de seguidores que tengas.

Es muy sencillo llegar a generar un video viral con esta plataforma, sobre todo donde se garantizan las visualizaciones e interacción, además emprender con una cuenta nueva es premiado por parte de la aplicación, es muy notorio el poder que surge por parte de esta plataforma para que una marca llegue a crecer.

La creación de videos debe ser divertida y esto ayuda a motivar de forma clara cualquier pretensión comercial, además se pueden emitir cursos y toda clase de actividades que genere gran interacción, ese tipo de presencia es un tono más amable para ganar atractivo, a esto se suma la oportunidad de integrar el marketing de contenidos.

Tik Tok PRO (analytics)

El tipo de cuenta PRO en Tik Tok es una modalidad que muy pocos llegan a conocer, se trata de un ofrecimiento especial para influencers, blogueros y también para las marcas, gracias a que brinda información detallada sobre las estadísticas que presentas dentro de la aplicación, para que puedas medir el progreso.

Al usar este tipo de datos te puedes concentrar en mejorar y entender la fortaleza del tipo de contenido que compartes, este tipo de visión es una gran oportunidad para seguir de cerca el crecimiento dentro de esta plataforma, se vuelve más sencillo alcanzar la popularidad que anhelas al saber la forma de hacerlo.

Una vez que conformes tu cuenta, y tengas definida un tipo de categoría, puedes seguir de cerca las analíticas directas sobre la cuenta, ya sean las visitas como también los suscriptores, el contenido también se estudia al ver los likes, visitas y la audiencia, a esto se suma la opción de anunciarte en la aplicación.

Con esta clase de información por parte de la aplicación, se puede realizar un análisis exhaustivo, para no perder paso hacia esa cuenta competitiva que tanto necesitas, además puedes desarrollar estrategias publicitarias dedicadas a estos datos, las estadísticas se muestran para evaluar el desempeño con mayor claridad.

Las dinámicas de popularidad se suman como otro dato que puedes ver con facilidad, de ese modo se plasma el impacto que está teniendo tu contenido, a esto se suma el entendimiento que surge para diseñar una mejor imagen hacia el público objetivo, es una mayor definición de lo que quieres y lo que buscas.

Una vez que puedas disponer de una cuenta PRO para usarla al máximo puedes mantenerte publicando o compartiendo un contenido ideal para tu marca, es decir al crear contenido que brinde novedades sobre el sector o la categoría que te dedicas, así como también consejos ya que la comunidad es muy atenta por aprender.

Por otro lado, no se puede perder de vista las historias para humanizar, con la empatía se pueden estrechar mejores lazos con la comunidad, el tipo de contenido que mejor recibimiento causa es el corto, sobre todo si son tutoriales, para valorar el tiempo y la sencillez, lo importante es ser entendido.

Una vez que logres despertar la curiosidad sobre tu marca, no cabe duda que vas a contar con un gran seguimiento, y puedes ofrecer constantes retos para que no se despeguen de tu cuenta, hay que recordar que se trata de una plataforma de entretenimiento por ello el valor que debes buscar es hacia ese ámbito.

Desafíos o challenge de Tik Tok dedicado a las empresas

Ante una elevada cantidad de descargas que ha generado Tik Tok en poco tiempo, es una red social que invita hacia un gran flujo de interacción a diario y por ello es valioso para una empresa, aunque seguramente se ha presentado la duda sobre la forma de mejorar la exposición de una marca en Tik Tok, esto significa asumir un claro desafío.

Puedes utilizar los desafíos de Tik Tok a tu favor para crecer dentro del entorno digital, aunque es un entorno todavía fértil y en producción en lo que respecta la publicidad, pero brotan una gran cantidad de oportunidades para que las marcas puedan alcanzar otra clase de tamaños hasta una campaña de primer nivel.

Los desafíos de Tik Tok se encuentran conformados por la amplia cultura meme, ya que se trata de contenido como resultado del marketing en redes sociales, por ello cada vez más marcas se unen a una tendencia utilizando esta forma de expresión o contenido, esta combinación entre texto e imágenes tiene otro valor en Tik Tok.

Los memes de vídeo se convierten en una mejor dinámica, para no perder el entretenimiento por encima de cualquier mensaje comercial, por ello el desafío para una empresa es lograr unir sus metas junto con texto, sonido y el movimiento que funge como una especie de actuación.

Esta es la vía para que un proyecto comercial sea el protagonista dentro de esta red social, por ello es una obligación para una marca empezar a invertir por fijar un plan de publicidad sobre este medio social, ante una era digital dominada por la habilidad especial del contenido que se comparte en internet es una gran oportunidad a explorar.

Dentro de Tik Tok brotan una gran cantidad de alternativas para que la finalidad comercial obtenga el alcance que anhelas, donde los sonidos personalizados pueden ser usados a tu favor para generar una gran impresión y llegar a cada uno de los usuarios que concurren sobre esta aplicación.

Para buscar el impacto ideal dentro de Tik Tok es una obligación rotunda atender cada medida orgánica para estar atentos a esos empujones que se traducen en una gran cantidad de seguidores y sobre todo interacción, de este modo tu video pasa a ser una oportunidad para hacer crecer a un negocio o cualquiera otra meta.

Existen tres formas para encontrar el desafío que sea más compatible con tu marca:

Busca en la página For You

Se trata de una exploración completa sobre For You para hallar una gran cantidad de sugerencias ligadas con el contenido que se pueda disfrutar, este apartado es muy variable conforme empieces a seguir cuentas, se trata de una zona similar a la página "Explorar" que posee Instagram, es importante cuidar de cerca este aspecto.

Es importante asegurarte de seguir influencers que formen parte de Tik Tok y que tenga relación con tu contenido, para que puedas identificar el tipo de contenido que se publica y se puede utilizar como inspiración, lo importante es tener la facultad de recrear en tu cuenta la mejor inclinación para la intención comercial.

Sigue de cerca los sonidos de tendencia

Esta es una forma ideal para inspirarse en la acción de encontrar desafíos de tendencia, porque la selección de los sonidos que pertenecen a Tik Tok ya que son un reflejo de la temática que tiene mayor poder en línea, al tocar o presionar sobre un sonido puedes ver los videos que se han originado en base de estos sonidos.

Al prestar total atención a los sonidos de mayor utilidad, junto con los movimientos que se emplean para la creación del video, puedes ganar un mayor incentivo de inspiración en todos los sentidos, estos trucos son un gran comienzo para que la edición pueda seguir el curso comercial esperado.

Comprende las compilaciones de Tik Tok en YouTube

En YouTube se encuentran una gran cantidad de estrellas que le transmiten a los usuarios una gran cantidad de desafíos raros y novedosos que se pueden poner en marcha, de esa forma no se pierden de vista los conceptos recientes, por ello unas buenas compilaciones de Tik Tok sirven como una gran inspiración para ti.

Cuando se busca contenido de verdad, es importante realizar búsquedas avanzadas, esto además de todo ayuda a que puedas ahorrar tiempo y cuando poseas ideas más claras que guarden relación con tu marca, solo tendrás que indagar sobre la más conveniente y asesorarte al respecto.

Conoce cómo emprender una campaña desafío Tik Tok

Ante la idea o el deseo de crear una campaña desafío en Tik Tok, lo más crucial es el contexto, a esto se suma la facilidad y la diversidad de memes para crear un video de calidad, ya que existen muchos aspectos para hallar la inclinación correcta como lo son los efectos y también la posibilidad de incluir sonidos de verdad.

Lo principal es conocer el tipo de finalidad comercial que buscas promocionar, luego pensar de forma siguiente en una música relacionada o que se pueda asociar con ese sector, para pasar a realizar una lista con el trasfondo y la mejor recreación para emitir un efecto nostálgico sobre los usuarios y la audiencia.

Los pasos a seguir para que una campaña se pueda consolidar por todo lo alto en Tik Tok y que tu finalidad comercial sea auténtica son los siguientes:

Planifica el tipo de campaña a emprender

Es importante que puedas planificar una campaña de desafío que esté apegada a tu marca, ese es el objetivo principal de toda una dedicación, de esta forma tu mercado objetivo logra conocer que existe como propuesta comercial, pero para esto el aporte de una gran cantidad de seguidores fungen como una gran presentación.

Para impulsar las ventas de gran manera, siempre debes pensar en la forma de unir el producto o servicio a la interacción que postula Tik Tok, por ello la medida de definir el objetivo principal de toda campaña es un paso básico pero contundente, para ello también debes realizar seguimiento a las tendencias en línea.

Para trabajar con Tik Tok puedes apoyarte en el poder de Google Analytics, de ese modo se puede promover gran contenido y lograr contagiar un mayor atractivo sobre las masas, en este punto es cuando cobra mayor importancia la ejecución de una campaña de marketing de primer nivel, ese es el enfoque que no se puede perder.

Visualiza la conformación de un desafío como si se tratara de una competencia, este es un método de participación dentro del mundo digital que no se puede perder, esta cultura es una de las que más se debe aprender para que no se queden a un lado las aspiraciones de construir una marca versátil y moderna.

Planifica el contenido de desafío Tik Tok

Al tomar en cuenta la importancia de Tik Tok y los objetivos que se pueden establecer para crecer por medio de esta red social, lo siguiente es buscar contar una historia que no deje de ser entretenida, para que se pueda emitir en el video y genere esa carta de presentación por parte de la intención comercial.

Para crecer de forma rápida en línea es esencial crear algo especial, de ese modo la atracción no se puede perder por ningún motivo, aunque no puede ser tan complicado para que se siga replicando en línea, de lo contrario el público objetivo no se podrá unir al desafío y la intención es que cada seguidor lo emita a sus seguidores.

Mientras el desafío pueda arrasar con el interés de todo, va a generar una gran corriente orgánica difícil de ignorar por parte de los seguidores, ese es el lazo con las redes sociales que va a causar que la marca pueda obtener un nivel muy importante, por esta razón mientras se pueda analizar el contenido mejor destino van a adquirir.

Elige un sonido apropiado en Tik Tok

El sonido a utilizar sobre el desafío de Tik Tok debe ser bien estudiado y por encima de todo es optar por un sonido original, este elemento es básico para que cada video pueda ser emitido con la importancia que merece, para la selección se debe seleccionar películas, y videos virales para hallar frases que se relacionen con tu industria.

Coreografía cada paso para el desafío

Ya sea por medio de algún apoyo profesional o por creatividad propia, es importante definir la estrella del video y el tipo de recreación a plasmar, a esto se suma la definición del nivel de dificultad, lo importante es no perder la creatividad, sino mover a las personas para que el video pueda llegar a más personas.

Crea y comparte el desafío de Tik Tok

Al cubrir cada uno de los movimientos, sonidos y el contexto del desafío, todo se encuentra completamente listo para que se lleve a cabo la grabación, es mejor tomarse el tiempo apropiado para cubrir cada uno de estos pasos como corresponde, lo importante es que sea un resultado final perfecto eso es lo que vale la pena.

Es importante sentir satisfacción con la realización del video, para ello puedes elegir los mejores recursos de edición, se trata de una obra maestra por todo lo alto, para que se pueda relacionar con las demás personas y cada rincón digital, constituye borradores y busca asesoría de marketing para atraer una gran audiencia.

Los datos que debes conocer sobre Tik Tok

En medio del desarrollo de las funciones de Tik Tok, se encuentran una gran variedad de datos que son útiles para que puedas crecer dentro de esta plataforma como todo usuario desea, en este sentido resaltan los siguientes:

La aplicación en su país de origen (China), no posee el nombre o la denominación de Tik Tok, sino que se conoce como "Douyin", lo cual significa sacudir la música en mandarín.

La aplicación cumple con un lanzamiento que data sobre 2016, y en tiempo récord en el año 2019 superó la popularidad de descargas en comparación de Facebook, YouTube, Instagram y Snapchat.

La mayoría de los usuarios de esta plataforma son adolescentes, por ello es una cualidad del público objetivo, aunque también se encuentra un 27% de personas de 30 y 40 años del cual se puede sacar provecho.

En India se encuentra prohibida y restringida la descarga de esta aplicación por temas de seguridad, es una restricción por temas de cultura.

El promedio de los usuarios dispone de 52 minutos diarios sobre la aplicación, y se conectan hasta 7 veces dentro de ese lapso de tiempo.

El crecimiento potencial de Tik Tok es idea para instaura toda clase de estrategia de marketing, sobre todo con el alcance del ansioso público objetivo.

Cada día se visualizan hasta un millón de videos sobre esta red social por ello es un movimiento constante.

El propósito dentro de esta red social cambia en comparación de otras plataformas, ya que se trata de un trabajo rápido e interactivo, porque es un contenido mucho más dinámico.

Esta red social cuenta con una postura global al estar disponible sobre 155 países, por ello cumple con estar diseñado sobre 75 idiomas, siendo un nicho potencial para llevar a cabo cualquier estrategia.

El valor de esta red social se postula sobre los 75 billones de dólares.

Esta plataforma dispone de modalidades como una cuenta "Pro", lo cual permite tener contacto con un análisis de datos para buscar mayor efectividad dentro de esta plataforma y emitir el contenido o crecimiento que aspiras.

Cómo se conforma el feed en Tik Tok

Manejar el contenido de forma adecuada en Tik Tok es relevante para el algoritmo, sobre todo porque una cuenta debe contar con un rendimiento alto para que cada video obtenga más visitas, y esto no tiene que ver únicamente con la cantidad de seguidores como se piensa, la clave es personalizar cada sección de contenido.

Esto suele traer enormes dudas para las personas que son nuevos y no han interactuado todavía con contenido, para ello lo que debes realizar es seleccionar categorías que sean de interés, estas son variadas para que puedan encajar con tus objetivos, pueden ser mascotas, o cualquier otra clase de temática que tengas en mente.

La propia información que suministres a la plataforma es tu mejor apoyo para crear un feed inicial de gran nivel, al pulir estos aspectos y las recomendaciones eso se usa como punto de partida para ganar interacción sobre los primeros videos que publiques, siempre y cuando sean frecuentes y cumplan con acciones publicitarias.

Cuando no seleccionas alguna categoría favorita, la propia red social se encarga de brindar una fuente general de vídeos populares, por ello en adelante cuando surge alguna clase de interacción, se convierte en una base para el sistema que usa para determinar tus intereses y realizar sugerencia de contenido.

La interacción que puedes postular sobre esta red social al principio para que los demás te encuentren es seguir cuentas, visualizar los hashtags de tu interés, conocer cada uno de los sonidos y efectos, para adentrarse en los temas de tendencia solo debes dirigirte hacia a "Descubrir" para que la experiencia del usuario genere flujo de acción.

Al realizar estas acciones sobre el feed, pones en marcha el algoritmo de Tik Tok para que pueda trabajar a tu favor, de este modo cuando un usuario pretende encontrar un video que no sea parte de su objetivo, solo se va descartando para que puedas asentar tus preferencias con comodidad.

La verdadera joya de Tik Tok también se encuentra sobre la facilidad para promover una intención comercial u otro tipo de sitio digital, y esto funciona también a la inversa, por ello en Instagram puedes vincular tu cuenta sin ningún problema, además también puedes obtener un enlace web, siendo un gran ofrecimiento de embudo.

Puedes crear un video con un mensaje comercial y aspirar que se convierta en una temática viral, todo gracias a que los espectadores podrán visitar tu perfil y conseguir seguimientos o cualquier otra acción que eleve el interés, logrando que se produzca la compra que esperas por ello es esencial optimizar la biografía.

El llamado de acción hacia tu contenido, surge por medio del perfil, de ese modo puede aspirar con comodidad a que se produzca la anhelada conversión, donde el aspecto y la actividad de la cuenta se va a encargar de hablar, este es un paso esencial antes de entra en los demás detalles de cada publicación o emisión.

De la misma manera en la que se cuidan las biografías de Instagram o Twitter, en ese mismo sentido hay que usar cada elección de Tik Tok para escalar hacia una mayor preferencia por parte de los usuarios, este tipo de elementos integrados se transforman en un importante llamado de atención que se vuelve irresistible.

La comparación entre Tik Tok e Instagram

La similitud de contenido e interacción entre Tik Tok e Instagram, genera grandes interrogantes sobre qué opción de red social es mucho más factible en cuanto a recreación y compras, el punto de comparación surge con las historias, pero en Tik Tok no caducan en 24 horas como sucede con Instagram.

La verdadera semejanza de Tik Tok se presenta con YouTube, sobre todo por la posibilidad de crear y publicar el contenido, aunque en el caso del algoritmo de la segunda red social es un poco tardío y puede que el video no genere el efecto que esperas, mucho menos de la forma que deseas.

Lo importante es que los videos no desaparecen, este es un poder para seguir buscando ganar un poco más de tráfico, incluso meses posteriores de haber publicado el contenido, otorgando una gran oportunidad a personas con pocos seguidores a escalar a obtener miles de visitas inclusive.

Tik Tok es mucho más que una aplicación para hacer videos, se ha convertido en una genuina red social, donde surge la oportunidad de ganar dinero, por ello es un gran atractivo para muchas empresas, y al mismo tiempo un entorno de crecimiento para un influencer, de igual forma la presencia en estos medios es importante.

Luego de la aplicación recibir algunas amenazas, se presentó el lanzamiento de una función de Instagram similar a

Tik Tok, pero el lado fuerte de esta aplicación sigue latente por la facultad para de crear y editar videos para emitir resultados de verdad de interacción, sobre todo por ser un contenido breve y carismático.

En cambio Instagram posee una orientación sobre la estética, luego fue creciendo con la integración de historias, hasta extender las posibilidades de acciones, hasta que se presenta Instagram TV, donde los contenidos en videos alcanzan 60 segundos, aunque solo acepta contenido pregrabado hasta el lanzamiento de reels.

La edición de videos que se presenta sobre esta función es importante, es una competencia que busca tomar gran semejanza con Tik Tok, ya que se pueden crear videos de 15 segundos, estos clips se pueden conformar al ser grabados o añadidos desde la galería, desde esta creación se pueden realizar toda clase de efectos, su función es muy fácil.

Tik Tok cuenta con la función de compartir tus videos en Instagram, por medio de reels todo el proceso se vuelve mucho más sencillo de lo que crees, de este modo el contenido se puede instaurar sobre Instagram para ganar mayor atracción, e incluso elevar la cantidad de seguidores, es una gran potencia contar con ambas plataformas.

Trucos de Tik Tok para buscar y encontrar

Una vez que te puedas asociar por completo a las características de Tik Tok se pueden hallar opciones mucho más amplias para que encuentres y emitas el contenido que deseas dentro de esta aplicación, las respuestas que necesitas son las siguientes:

Busca y encuentra un video de Tik Tok

Una forma básica para hallar un video sucede de fomar básica al observar la pantalla de inicio, luego puedes dirigirte a los siguientes pasos:

1. Accede a Inicio por medio de la barra del menú.

2. Luego al tocar el menú puedes observar en la parte superior los videos de todas las cuentas que estés siguiendo.

3. Una vez teniendo expuestos los videos, solo debes tocar los que son parte de la tendencia o las recomendaciones que sean de tu preferencia.

Otra forma para acceder es por medio del Discover, esto se lleva a cabo por medio de los siguientes pasos:

1. Lo principal es dirigirse hacia Descubrir por medio de la barra del menú.

2. Puedes seleccionar el video que aparece sobre los carruseles de hashtags que forman parte de la tendencia e igual forma en la parte superior se pueden buscar.

La tercera forma para hallar un video, es ir hacia los que se hayan marcado como favoritos o cualquiera que te haya gustado, por medio de estas acciones:

1. Ingresa a "Mi" por medio de la barra de menú.

2. Haz clic sobre el icono de marcador para observar los videos a los cuales hayas marcado como favoritos o guardar porque es una opción de visualización para después.

3. De igual forma se puede volver a ingresar en los videos que te hayan gustado, al dirigirse hacia la sección encabezada por un icono de corazón.

Al hallar el video, puedes tener la libertad de realizar la interacción que desees, incluso puedes reaccionar para realizar algún tipo de dueto, o también crear una foto en vivo, ya que Tik Tok posee una gran cantidad de alternativas, pero aparte de sus valiosas opciones puedes hallar videos por medio del sonido o usando los hashtags de tu interés.

Busca y encuentra videos por sonido en Tik Tok

Si deseas visualizar o inspirarte en videos que utilicen un clip de audio en específico, puedes realizar este tipo de búsqueda filtrando el sonido como prioridad, esto se hace realidad tras el siguiente paso a paso:

1. Busca y selecciona el video que te interesa con el sonido en particular.

2. Presiona el enlace de sonido que aparece en la parte inferior del video.

3. Una vez desde la página de sonido que surge, puedes incorporar el sonido a tus favoritos, compartirlo, e incluso hallar el uso original si se encuentra disponible, para empezar a grabar un video usando ese sonido si lo deseas.

Otra alternativa a esta necesidad es que puedes hallar sonidos por medio de la búsqueda sobre la pantalla en "Descubrir".

Busca y encuentra videos por efectos en Tik Tok

Para lograr ver muchos más videos que estén usando ese efecto, solo necesitas realizar estos pasos:

1. Encuentra un video que posea el efecto de tu interés.

2. Presiona sobre el efecto que aparece con una varita sobre el creador del video.

3. La acción anterior te conduce hacia la página del efecto que buscas, para que puedas añadir esta opción a tus favoritos, de esa forma podrás compartirlo como más desees, hasta empezar a grabar usándolo.

Por otro lado, también puedes hallar los efectos al realizar una búsqueda por medio de la pantalla bajo la opción "Descubrir".

Busca y encuentra videos por hashtags en Tik Tok

Si deseas observar más videos etiquetas con hashtags, debes seguir estas indicaciones:

1. Busca el video que tena un hashtag que te interese.

2. Realiza clic sobre el hashtag que se encuentra sobre el título abajo del video, donde se encuentra identificado el creador del video.

3. Al estar sobre la página del hashtag que aparece tras hacer clic, puedes agregar el que te parezca ideal para tus pretensiones, luego se puede compartir y hallar otra clase de videos que utilizan esta clase de etiquetas, hasta poder grabar un nuevo video para etiquetar como deseas.

Como alternativa se pueden encontrar los hashtags puedes habilitar la búsqueda por la vía sobre "Descubrir", ya que se tratan de tendencias que emiten el contenido de interés que se encuentra sobre el mencionado Discover.

Busca y encuentra un usuario en Tik Tok

Una gran forma de encontrar a algún usuario es por medio de un video de Tik Tok que te encuentres viendo en ese instante, para poner en marcha los siguientes pasos:

1. Una vez que el video muestra el creador del contenido en la izquierda, esta se encuentra sobre la burbuja donde surge su foto de perfil.

2. Lo que procede es tocar la burbuja para ingresar al perfil del usuario.

3. De forma alternativa una vez que te mantengas viendo los videos puedes tocar el identificador que aparece en Tik Tok en la esquina.

Otra forma de ingresar para explorar el contenido de un usuario, es por medio del Discover:

1. Ingresa a Descubrir por medio de la barra del menú.

2. En la parte superior puedes realizar la búsqueda del usuario.

Una vez que estés en el perfil de un usuario de Tik Tok, puedes explorar a fondo todo el contenido que ofrece, donde se encuentran todos los datos que forman parte de la credibilidad de la cuenta, además se encuentran muchos enlaces para ir a sus redes sociales, a esto se suma la variante de un perfil público que muestra estos datos.

Consejos para que tú marca crezca en Tik Tok

Lo importante para que una marca pueda escalar de gran forma en Tik Tok es seguir instrucciones expertas a continuación:

1. Instaura tu propio canal y asegúrate de crear el perfil más adecuado según el tipo público que buscas.

2. Consigue una cuenta PRO para tener acceso a datos métricos.

3. Publica videos acerca de la marca para mostrar una identidad más humana.

4. Realiza alianzas con influencers para lograr un gran impacto y que el contenido pueda llegar a más personas.

5. Lo más recomendable es disponer de contenido atemporal.

6. Se parte de la tendencia actual para que el contenido esté ajustado a las mismas de ese modo te puedes hacer viral.

7. Para empezar lo más importante es contar con una publicación de 3 o 5 videos de forma diaria pero manteniendo la calidad ante todo.

8. Alterna la duración de los videos para que el contenido pueda estar variado.

9. Comenta los videos de otros usuarios para que alcances a un mayor número de visibilidad.

10. Cuida cada detalle estético para emitir la mejor impresión posible.

Las polémicas dentro del funcionamiento de Tik Tok

Los analistas de redes sociales han ofrecido ciertas conclusiones sobre Tik Tok, donde destacan que se trata de una plataforma mucho más especial de lo que muchos piensan, debido a que se ha catalogado como una de las que más información obtiene, e incluso esto engloba los datos personales de los creadores.

Por este motivo, puede existir algún grado de preocupación por sentir ese tipo de vulnerabilidad, pero la respuesta de Tik Tok ha sido mejorar la seguridad de sus funciones con un algoritmo diseñado para ello, donde han expuesto un claro compromiso por cuidar la privacidad sobre cada usuario.

Aunque el cuidado debe existir por parte del usuario en cuanto al tipo de información que comparte, ante cualquier duda que se pueda presentar, necesitas emprender con tranquilidad y conocer los siguientes puntos:

¿Qué información posee Tik Tok sobre ti?, la aplicación solo cuenta con los datos que proporcionas al momento de crear la cuenta.

¿Cómo Tik Tok utiliza la información de tus datos personales?, dentro de las condiciones establecen que el uso de tus datos se encuentran dirigidos hacia tu beneficio, para crear la sugerencia sobre ese contenido que encaje con tu interés, a esto se suma la publicidad que sea compatible con el perfil. Los datos que solicita esta red social es la fecha de nacimiento, correo electrónico, número de teléfono, una descripción para el perfil, fotografía o incluso video personal, datos extraídos de concursos o encuestas, y otros similares.

Una vez que asocies Tik Tok con otras redes sociales como Facebook, Twitter, Instagram o Google, concedes igual autorización para que Tik Tok pueda disponer de esta información que se encuentra sobre estas plataformas.

El alcance de Disco ver Tik Tok llega a toparse con la información de los sitios web que hayas concurrido, esto también incluye hasta las aplicaciones que hayas descargado o comprado con el propósito de tomar en cuenta los intereses.

El estudio de la red social se extiende sobre la dirección IP, junto con el historial de navegación, a lo que se unen los proveedores para servicios móviles, esto corresponde a un uso publicitario.

Hasta los contactos del teléfono y alguna lista de amigos en Facebook son considerados para que se puedan realizar invitaciones para que puedan visitar la plataforma con comodidad.

Cada uno de los datos mencionados, se usan para ajustar los servicios y el soporte sobre tus necesidades, o se utilizan con la finalidad de cumplir con sus condiciones, se trata de una sugerencia para marcar los intereses de cada usuario, es una conexión que buscan establecer para que los usuarios se sientan importantes.

Aunque debes tomar en cuenta que la información es una protección para la propia red social, debido a que se puede sacar a la luz un signo de abuso y limitar toda clase de actividad ilegal, es una forma de garantizar la seguridad para ambas partes y el control sigue estando de la mano con los usuarios.

Las restricciones de contenido de Tik Tok

La acción del algoritmo de Tik Tok prioriza el tema de la seguridad visual, por ello cuando te propones conseguir seguidores es importante que no pases por alto estas restricciones ya que tu contenido se puede ver perjudicado ante un descuido como este, ya que la plataforma realiza un claro seguimiento sobre el contenido emitido en el feed.

Una gran variedad de videos que impactan de forma negativa a los usuario no se mostrarán, mucho menos cuando se trata de algún procedimiento médico que expone alguna acción demasiado gráfica, mucho menos si la temática es ilegal, sin dejar a un lado la lucha que se impone sobre el SPAM y videos para aumentar el tráfico.

La plataforma de Tik Tok se encarga de hacer a un lado los videos que incumplan con ese tipo de medidas, la intención ante todo es promulgar contenido de calidad, de lo contrario se desencadenan estos efectos negativos, además por si fuera poco se encuentra una opción denominada como "modo de seguridad familiar".

La acción anterior de seguridad familiar, es diseñada para los padres que buscan proteger a los menores sobre algún tipo de contenido que sea adecuado para sus hijos, ese tipo de seguridad también cumple con la función de limitar a quien pueden escribirle y a quien no, e incluso el tiempo en pantalla se regula por parte de esta opción.

¿Cómo ganar dinero en Tik Tok?

La plataforma de Tik Tok es una gran oportunidad para que un influencer pueda hallar la popularidad buscada sobre este plano digital y generar ingresos, sobre todo porque el impacto de una gran comunidad es suficiente motivación para que las marcas busquen esta oportunidad para comercializar y promocionar productos o servicios.

La generación de dinero sobre esta red social se está volviendo una realidad, sobre todo con la enorme cantidad de descargas que dispone en las tiendas de aplicaciones móviles, por ello todo tipo de proyecto incluye este entorno para aprovechar su visibilidad, llegando hasta el punto de convertirse en una tendencia moderna.

En principio esta red social no ha sido creada para esta finalidad comercial, pero al mismo tiempo con el uso constante se ha vuelto una plataforma muy amigable con la realización de publicidad, por esta razón se puede considerar como una gran alternativa, donde la creación de contenido abre la puerta para patrocinar un producto o una oferta.

El enfoque que se utiliza para generar ingresos se encuentra de forma similar a la de YouTube, pero con el tiempo también se han implementado ciertos métodos que persiguen ese resultado de monetización, ya que se trata de una plataforma como las demás con una valiosa posibilidad de ganar dinero con creatividad y constancia.

Aunque más allá de conocer las siguientes alternativas para obtener dinero, no te puedes olvidar del deber de crear valor, porque el contenido mismo se debe presentar como una razón para volver a visitar tu cuenta ese interés es el que hace crecer a una comunidad, puedes empezar a poner en marcha estas acciones para crecer y monetizar:

Transmisión en vivo

La oportunidad que brinda la transmisión en vivo, causa que los espectadores sigan de cerca al creador de contenido, porque más allá de las publicaciones puedes empezar a conformar esa imagen como influencer, además por medio de esas transmisiones se puede motivar a los espectadores a que regalen monedas virtuales llamadas "Coins".

En este sentido Tik Tok se parece a Twitch, estas se compran por medio de transacciones reales, a cambio de estas donaciones los creadores de contenido pueden corresponder con un regalo o también apoyar a otros usuarios, es una gran oportunidad para despertar empatía y seguir relacionándose.

En Tik Tok se transfiere el 80% del valor en total de las transmisiones hacia el influencer, no es una enorme fortuna, pero es un incentivo que puede servir como un flujo de ingresos a considerar, no cae mal inspirarse con este tipo de reconocimiento o contribución.

Patrocinar marcas

En Tik Tok como en otras redes sociales existe un alto interés por parte de las marcas para promocionar algún producto o servicio, esto lo elige la marca según el tipo de contenido que emite el influencer, si tiene que ver con su marca, también cuando logran evidenciar un claro interés sobre el contenido de valor y la cantidad de seguidores.

A esto se suma el efecto demográfico, es una acción común dentro del mundo digital, no es novedoso pero se debe tomar en cuenta por lo que representa, ya que ganar dinero por medio de redes sociales no es tan imposible como se piensa.

Aprende cómo transmitir en vivo en Tik Tok

Para muchos usuarios de Tik Tok todavía representa un gran misterio el tema de transmitir en vivo, esta función se hace presente por la propia naturaleza de esta plataforma donde se publica contenido que corresponda a un formato corto, pero también permite crear una gran variedad formatos para atraer la audiencia.

Las funciones de grabación incluye la emisión en vivo, esto es muy poco usado por desconocimiento, pero es importante explorar cada factor de esta alternativa para que pueda estar de tu lado, de ese modo será mucho más fácil empezar a generar una mayor visibilidad dentro de esta red social.

Una vez que poseas una cuenta en Tik Tok puedes optar por esta transmisión de contenido en tiempo real, a lo que se suma una importante interfaz que no genera problema alguno, logrando contar con la opción de ganar dinero, si mantienes vivo este deseo solo debes contar con 1000 seguidores, siendo un factor para las publicaciones.

Por otro lado, un requisito para transmitir en vivo es contar con más de 16 años, al cumplir con estas dos medidas solo hace falta llevar a cabo los siguientes pasos para lograr publicar en vivo:

Instala la aplicación Tik Tok, ya sea Play Store o App Store. Pon en marcha la aplicación y luego inicia sesión con tu información personal.

Una vez estés sobre la aplicación realiza clic sobre el icono "+" que se encuentra sobre la parte inferior y luego puedes dirigirte al botón "En directo" que está al lado del botón "Grabar".

Luego puedes incluir el título de preferencia para la transmisión en vivo, es importante ser creativo para atraer a más seguidores.

Al encargarse de agregar el título, es necesario agregar el botón "Transmitir en directo", para que luego empiece la retransmisión de forma inmediata.

Una vez que se hayan cumplido estos pasos, se inicia la transmisión en directo en Tik Tok, al finalizar la sesión solamente se debe hace clic sobre "Finalizar en directo", de ese modo se puede regresar a la pantalla de inicio, logrando poner en marcha la tentativa de recibir donaciones por parte de tus seguidores como se mencionó anteriormente.

Para materializar esta forma de obtener dinero, solo necesitas saber y usar estos pasos, aunque el funcionamiento de donaciones regulares es distinto, ya que los seguidores no pueden enviar ese dinero de forma directa a la cuenta bancaria, sino que se envía una propina a través de las monedas que se han adquirido por medio de efectivo.

Al contar con una cantidad importante de monedas, se pueden convertir en diamantes, luego se transforman en dinero real por medio de PayPal, para ese retiro de Tik Tok necesitas un saldo de 100$, este puede ser un proceso lento pero con un seguimiento concurrido es una opción válida a considerar.

Una vez que puedas poner en marcha tu talento en Tik Tok puedes aprovechar cada momento para generar dinero, esta red social es un medio ideal para mostrar toda clase de habilidades, a lo que se suman otras acciones que te conducen de gran forma hacia la obtención de ganancias:

Consigue los primeros 1000 seguidores:

Para que la plataforma de Tik Tok pueda generar ingresos es necesario disponer de la cantidad del 1000 seguidores, esa es la exigencia para realizar grabaciones en vivo, por eso necesitas subir contenido de forma constante para que llegues a ser todo un personaje reconocido, es mejor llegar y sobrepasar esa cifra.

No pierdas constancia sobre los directos

Es necesario que todo perfil pueda contar con videos en directo, ya sea una o varias veces a la semana esta es una importante medida, la frecuencia depende de ti y tus objetivos, cuanto sea más sea mucho mejor para construir una imagen, pero emitiendo un alto contenido de valor para responder a los seguidores con lo mejor.

Traslada los seguidores de Tik Tok a otras redes sociales

Una vez que poseas una gran cantidad de seguidores o al menos que sea considerable, lo mejor es diversificar y ganar fuerza sobre otras redes sociales, esto es útil para Instagram o todo tipo de canal de YouTube, de ese modo se convierte en un punto crucial para monetizar de forma sencilla e incluso optando a más modelos económicos.

Consigue regalos con gran carisma

Mientras te encuentres realizando tus transmisiones es importante contagiar a los usuarios con temas tendencia y un gran contenido, de este modo estarán encantados de realizar obsequios dentro de los cuales resaltan los stickers que se puedan usar sobre el video, dentro de los regalos brotan las opciones de obtener dinero real como donación.

Realiza elogios a los usuarios

La motivación para contar con donaciones es indispensable presentar una mejor emoción, para que todos aquellos que te sigan puedan realizar donaciones como una especie de regalo, y una vez que se produzcan es positivo responder con gratitud por medio de los chats de los directos para destacar los elogios.

¿Cómo ver videos de transmisiones en vivo con Tik Tok?

Más allá de la función de transmitir en vivo, se encuentra otra duda acerca de visualizar este tipo de contenido, ante cualquier dificultad de este tipo solo debes cubrir los siguientes pasos:

Ingresa a la aplicación Tik Tok desde tu dispositivo.

Realiza clic sobre el botón "Notificación" el cual está cerca del icono "+".

Una vez te encuentres sobre la "Página de notificaciones", puedes hallar la opción de "Mejores vidas" que surge sobre la parte superior de la pantalla.

Toca el botón "Ver" que se encuentra al lado de "Mejores vidas", para empezar a reproducir la transmisión que se ha realizado en vivo por medio de Tik Tok y surge al azar.

La posibilidad de "Mejores vidas" te permite navegar por cada contenido, y luego sobre las notificaciones podrás acceder a la "galería de videos en directo principal", siendo una gran oportunidad para observar las transmisiones en vivo.

Por otro lado, al buscar un usuario en particular tienes acceso a las transmisiones en vivo, la disponibilidad de este contenido se presenta con un círculo rojo sobre su foto de perfil, de ese modo puedes tener contacto con semejante contenido en vivo sin ningún tipo de problema.

Descubre la forma de hacer publicidad en Tik Tok

Los anuncios empezaron a ser parte de Tik Tok desde el 2019, la primera vez que hizo aparición esta función fue por Chris Harihar, siendo uno de los socios de Crenshaw Communications, se trató de anuncios de 5 segundos de duración, pero en la plataforma se presentan otra clase de formatos de publicidad como lo son los siguientes:

Adquisición de marca

Los anuncios que se llevan a cabo por medio de la adquisición se trata del uso de imágenes fijas, videos y también GIF, estas se pueden vincular de forma directa sobre el sitio web, incluso funciona de gran forma sobre los desafíos o challenge dentro del propio Tik Tok, al querer medir su alcance de esta estrategia estas métricas ayudan:

Impresiones.

Alcance único.

Clics.

Video nativo

Los videos nativos se utilizan como importantes anuncios que causan impacto y se miden bajo las siguientes acciones: Compromiso: Al recibir me gusta, comparte y también comentarios.

Impresiones.

Duración promedio de reproducción.

Clics.

Tiempo de visualización del video: Se necesitan más de 3 segundos de reproducción, 10 segundos y también la finalización.

CTR.

Total de vistas de video.

Por otro lado, se pueden diseñar campañas de video para tener de cerca el impacto, sucede lo mismo con los videos individuales, la diferencia se encuentra sobre la duración, ya que los videos de Tik Tok duran hasta 15 segundos, en cambio los nativos duran entre 9 y 15 segundos, se tratan de anuncios de pantalla completa.

Como sucede con Instagram y sus anuncios presentes en las historias, se pueden omitir, un anuncio de este tipo puede cubrir una gran cantidad de objetivos tras una sola opción, ya que puede conducir de forma directa hacia la descarga de aplicaciones y también se pueden conseguir clics en tu sitio web.

Lentes de marca

El funcionamiento de los lentes AR son calcados de Snapchat y Facebook, lo mismo sucede con Tik Tok, aunque su aparición es temporal, cumple un tiempo determinado y una función en particular que todavía no ha sido ofrecida en su máxima expresión, para seguir completando la variedad de funciones de Tik Tok.

Contenido ganador para Tik Tok

La popularidad de un tema dentro de Tik Tok se puede indagar de forma previa para seguir las tendencias existentes, estos parten desde las categorías más importantes como lo es una orientación educativa, diversión, relación o amistad, temas de salud, comida y sobre todo baile, hasta el punto de alcanzar contenido motivacional.

Por si fuera poco se suman dos ámbitos muy importantes dentro de los medios sociales, tal como lo es la belleza y las manualidades, encontrar el camino ideal para tus objetivos es un paso importante, mientas mejor y más rápido se puedan identificar vas a lograr que un contenido pueda tener un alcance importante.

Encontrar y también crear temáticas para producir contenidos de Tik Tok es una tarea que funciona para postular una escena activa, esto funciona para que un nicho pueda contar con un desarrollo que sea relevante en la actualidad, además puedes anticipar ideas originales sobre ese ámbito para estar por encima.

Lo mejor de crear tu propio contenido, es que se logran reunir todas las miradas, a esto se suma que ganas una gran personalización sobre una cuenta, ya que se trata de una aplicación donde la originalidad es un requisito clave, de este modo puedes impulsar una presencia de otro nivel, siendo muy útil para tu marca, y para crear campañas.

El consejo para impactar con gran éxito es alinearse de forma directa con lo planificado, para no dejar pasar la oportunidad de ser parte de la tendencia, además no te puedes esforzar demasiado en una creación de ingenio, sino que lo mejor es confiar por lo seguro, mientras más simple y brillante sea el video se logra resaltar esta aplicación.

¿Cómo puedes ganar seguidores en Tik Tok?

La popularidad dentro de una red social lo es todo, por ello en Tik Tok necesitas un impulso adicional para ganar presencia, en principio una de las estrategias principales para ello es el uso de hashtag de forma apropiada según el contenido, esto es parte de una planeación para definir el público objetivo y llegar a los mismos.

Para ascender dentro de esta plataforma es vital mostrar el contenido al público interesado sobre esta temática, a esto se suma la obligación de ser constante para nutrir a cada usuario con una gran propuesta que pueda encajar con sus gustos, se basa en lograr ganarse ese tipo de aprecio dentro del mundo digital.

El alcance orgánico se presenta al lograr presentar ciertos videos virales, para conseguir este tipo de medida solo necesitas poner en marcha las siguientes pautas, más allá de cualquier truco esto contribuye sobre tu contenido:

Constancia

Es importante que al momento de publicar se pueda mantener una frecuencia elevada de al menos 3 o 5 videos, pero donde la calidad sea la prioridad, porque esto prevalece por encima de la cantidad, al empezar lo recomendable es de 2 a 3, desde este punto de partida existen muchas posibilidades de éxito.

Nicho

El principal enfoque en medio de la trayectoria de Tik Tok es conformar un nicho ideal, ya que se trata del entorno sobre el cual se publica contenido de gran valor, donde el lado divertido no se pueda perder por ningún motivo, sino que se pueda reforzar el sector, todo va de la mano con la temática a la cual te dedicas.

Contenido de valor

Es mucho más especial contar con un apartado para tu propio contenido, este es el medio indicado para instaurar un estilo propio que te hará crecer por lo que ofreces, donde la esencia a mantener ante todo es una acción totalmente llamativa que se instaure como un imán para mayor audiencia.

Crea una cuenta activa

Es importante que dentro del crecimiento de la cuenta se pueda responder a cada uno de los comentarios para que la interacción se mantenga bien cuidada por encima de todo, este tipo de atención es muy valorada y ayuda a que el resto de las personas se puedan conectar con tu contenido.

Audios propios y creatividad

Para que puedas ofrecer un contenido de primer nivel necesitas integrar acciones ingeniosas como lo es un audio que provenga de tus ideas, este tipo de personalización brinda una gran diversión a la audiencia porque al final se trata de una red social ideal para que los demás se la pasen increíble.

Claves para triunfar en Tik Tok

Al registrarte en Tik Tok puedes ingresar en la sección de anuncios y aprovechar al máximo esta herramienta, a esto se suma la inspección experta del contenido de valor para lograr impactar a toda la audiencia de forma positiva, el objetivo de abarcar esta red social requiere de suficiente dedicación para apostar por todo lo alto.

Desde el propio feed se pueden integrar anuncios, siendo una acción común tanto en Facebook como en Instagram, por ello cabe la posibilidad de integrar un ad para que se pueda desarrollar una estrategia y atracción comercial, a lo que se suma una gran impresión desde la conformación de la cuenta con el uso de aplicaciones y bots.

Crear contenidos de calidad, es un gran avance para toparse con audiencias personalizadas, sobre todo cuando los anuncios no necesitan de demasiada inversión, de hecho al espacio se puede pujar y los módulos de pago por clic es lo que todo usuario necesita para escalar en grandes magnitudes.

Al usar Tik Tok es importante extender al máximo sus funciones, por ello la mejor clave es aprender a grabar de la mejor manera, usando trucos y demás habilidades podrás grabar videos de primer nivel con cuidado para cumplir con la dinámica principal de esta red social, los más resaltantes son los siguientes:

Haz zoom durante la grabación

Utiliza a tu favor el botón de zoom es una ventaja que se encuentra sobre esta aplicación, solo necesitas mover el botón de grabar hacia el centro de la pantalla, de ese modo se emite la acción de que la cámara aplique el zoom sobre la imagen para brindar ese efecto que tanto aspiras implantar.

Cambia entre la cámara trasera y la delantera

Solo necesitas pulsar dos veces sobre la pantalla para lograr intercambiar de cámara con facilidad, lo importante es que cada video pueda estar bien cuidado con un alto nivel de calidad, mientras puedas probar por completo la rapidez y el rendimiento de tu cámara vas a obtener un gran material y agrado.

Transforma un video de Tik Tok en un Gif

Si deseas compartir un video de Tik Tok en forma de Gif para ganar una mayor divulgación, solo necesitas acudir sobre el video para lograr tocar la opción de compartir, luego en la última opción de la aplicación debes seleccionar la alternativa de compartir como Gif, además puedes elegir el metraje y se guarda en la galería.

¿Cómo lograr que un video sea viral en Tik Tok?

Para conseguir que un video pueda causar el mejor revuelo e impresión posible en Tik Tok para que muchos hablen de tu contenido, debes tomar en cuenta los siguientes puntos:

Necesitas que los usuarios vean tu video a través de la sección "para ti" y así te puedan seguir.

El contenido debe ser reproducido varias veces.

Comparte el video para ganar comentarios y likes.

El tiempo de duración ideal para que un video se haga viral es uno corto de al menos 15 segundos, causa mejor sensaciones que uno de 60 segundos.

Una vez que puedas cumplir con estos puntos vas a lograr que tu cuenta y contenido se hagan virales, al principio se

observa como complicado pero es un camino fácil con dedicación para que puedas lograr que se haga viral, es importante que pueda causar un impacto positivo para que sea
mostrado hacia más personas.

Tik Tok analiza el impacto de tu cuenta al momento de generar o brindar un contenido viral, por ello si posees una
cuenta PRO es más sencillo, para encontrarse con las métricas que necesitas impulsar, la más importante es la de comentario, views y compartidos, al ganar en uno de esos tres
elementos se puede considerar como viral.

¿Cómo usar los hashtags en Tik Tok?

Los hashtags que pertenecen a Tik Tok funcionan igual
como en otras redes sociales, estos son interesantes por re-
presentar la temática de su contenido, su uso cumple con la
función de alcanzar mayor alcance, este medio para ser más
sensible con la audiencia es ideal, para que sea viral ante
todo.

Es importante que dentro de la selección de estas palabras
puedas hallar una relación en concreta por ser la forma de
llegar al público, para que todo se encuentre en orden se de-
ben cubrir las siguientes acciones:

El uso de hashtags en Tik Tok es una gran ayuda para otorgar una categoría clara al contenido, lo importante es que los videos estén al alcance de la audiencia que buscas alcanzar.

Busca ante todo agregar los hashtags a los videos al pronunciar esas mismas palabras para una conexión plena, de ese modo pasa a considerarse como un nicho.

Gana poder al crear tu propio hashtags para que el usuario se pueda contagiar y participe al usarlos.

Utiliza los hashtag que se encuentren activos para tener el efecto de un mayor alcance.

Toma en cuenta la canción que usas porque están vinculadas a ciertos hashtags.

Los hashtags temporales obedecen a eventos o alguna clase de challenges, por ello puedes crear el tuyo para aprovechar ese tipo de revuelo a favor de una campaña propia.

Es necesario investigar de forma previa los hashtags para usar los que se encuentran en tendencia, además de localizar a tu competencia y observar lo que hacen.

Es importante mantener un equilibrio con el uso de hashtags, porque cuando se abusa el contenido pierde valor, todo debe ser aplicado con sentido, mientras tenga que ver con el contenido no habrá problema, existen muchas herramientas para buscar los más actuales para tu categoría y lograr posicionarte junto con la tendencia.

¿Cómo usar TikCode para aumentar seguidores?

Las opciones y amplitudes de Tik Tok no dejan de crecer para presentar un gran escenario para obtener un alto nivel de popularidad, por ello esta aplicación ofrece la función de utilizar TikCode de ese modo se puede compartir un usuario de mejor manera, por ello es importante conocer la forma de poner en marcha esta alternativa.

Para lograr que las demás personas puedan seguirte, la opción del TikCode es una gran acción a agotar para alcanzar el nivel esperado, esto facilita no tener que dar o emitir un usuario para que te conozcan, solo tendrás que compartir el código asignado para tu cuenta para que sea escaneado y así lleguen más personas a tu cuenta.

El TikCode es un código que se emite de forma personalizada, a través de esta vía se puede compartir este tipo de presentación para que las demás personas te puedan seguir, es una gran manera para darse a conocer, ya quedo en el pasado la acción de escribir o ingresar texto, por esta razón solo tendrás que apuntar el dispositivo hacia el código.

El funcionamiento de TikCode funciona de forma similar a la inclusión del código QR, por ello cuando se produce una escaneada, de manera seguida surge el perfil para que te puedan seguir en Tik Tok, este tipo de camino es mucho más eficaz y los demás no puedan perder tiempo sino seguirte de forma directa.

Los beneficios de usar TikCode

El uso de TikCode genera importantes ventajas para que se pueda aprovechar al máximo esta aplicación, los efectos más puntuales son los siguientes:

No hay riesgo al compartir el TikCode que se equivoquen o exista confusión al seguirte.

No necesitas dictar o escribir tu usuario.

Puedes descargar este código para imprimirlo y usarlo como una carta de presentación en cualquier circunstancia.

Al contar con la imagen del código la puedes compartir en redes sociales.

Este tipo de código es una presentación rápida y solo conlleva unos minutos.

En Instagram de igual manera se puede crear un código QR de la forma que aspiras para lograr personalizar tu identidad ante los medios sociales, para hacerlo con el TikCode solo se debe usar como foto de perfil esta se instaura de forma automática, la presencia en cada red social es muy importante.

Para usar este código debes crear un acceso rápido por medio de la cuenta de Tik Tok, para ingresar al apartado "Yo", esto surge desde el perfil de la aplicación, luego en los ajustes de la misma, sobre la esquina inferior derecha debes tocar esos tres puntos para abrir la sección de ajustes y privacidad para dirigirte a TikCode.

Al realizar estos pasos de ajustes puedes ver tu código TikCode que se encuentra junto con tu foto de perfil, luego en la parte inferior se presentan las opciones de guardar el código QR o también escanear, una vez que logres guardar el código puedes descargar el TikCode como una imagen en tu propia galería.

¿Cómo funciona el algoritmo de Tik Tok?

El funcionamiento de Tik Tok despierta gran curiosidad y atención sobre muchos usuarios, sobre todo si buscas conquistar la popularidad dentro de este medio, por ello necesitas aplicar ciertos trucos para conocer mucho más a fondo los usuarios que conforman esta plataforma.

El algoritmo de Tik Tok es muy similar al de otras redes sociales, aunque cuenta con ciertas características innovadoras, ya que la mayoría de plataformas toman en cuenta los gustos de cada perfil según las interacciones y el tipo de cuentas que siguen, pero en el caso de Tik Tok es distinto.

El método de Tik Tok se basa en la experiencia del usuario, por ello se han enfocado en perfeccionar la búsquedas, donde el interés principal es conocer de cerca a cada usuario en eso sigue coincidiendo con las demás redes sociales, pero su revisión incluye a los motores de búsqueda por hallar las preferencias tras el contenido e interacciones.

Desde que cada usuario emite un comentario o también sigue a algún usuario, se genera un aporte para el sistema para poder detectar lo que te agrada, esto es parte de conocer a esta red social para usar al máximo sus funciones como una herramienta, la incursión sobre su algoritmo es importante.

La diferencia sobre la dinámica de otras redes sociales se basa en tomar en cuenta otra clase de factores, esto se debe a que analizan otra clase de datos, buscando profundizar sobre los gustos de cada usuario, es mucho más que conocer un perfil, la intención es omitir la información que no motive alguna reacción sobre el feed.

Las principales novedades que surgen sobre el funcionamiento el algoritmo de Tik Tok son las siguientes consideraciones:

La interacción que presenta cada usuario con los videos que le gustaron y los que comparte: el sistema ejerce seguimiento sobre estas acciones e incluso si el usuario llega al final del video o solo busca el siguiente, para generar una clasificación sobre el contenido que sea ideal para tu interés.

Los comentarios que realiza un usuario: Tik Tok ante cada interacción llega a conocer mejor toda clase usuario para contar con la ventaja de hallar el contenido que buscas ver de forma rápida, actúa como una especie de personalización.

En el caso del contenido que genera el usuario: La red social se encarga de clasificar cada uno de los intereses en base al contenido, estilo e incluso diseño, todo lo que se publique en el feed pasa a ser considerado como una especie de identidad sobre el usuario.

Información del video: La plataforma realiza un estudio profundo sobre todos los detalles del video, dentro de los cuales se consideran los subtítulos, hashtags, y también sonidos, todos estos elementos te pueden hacer resaltar dentro de esta red social, es necesario dedicarle atención.

Configuración del dispositivo y de la cuenta: Los datos de idiomas sobre la cuenta y el país sobre el cual te encuentras, junto con el dispositivo que utilizas, pasan a ser considerados por medio del algoritmo de Tik Tok, aunque no es tan determinante como otro tipo de factores.

La plataforma de Tik Tok también emite ciertos estudios a considerar, porque logra detectar patrones repetitivos, esto se debe a que lo principal que busca la red social es alejar el aburrimiento sobre los usuarios, por ello esta es una gran ventaja que se instala para intercalar el contenido de mejor forma por comprender lo que al usuario le encanta.

El principal movimiento de esta red social causa que no te aparezcan contenidos repetidos, mucho menos videos sin sonidos, por si fuera poco, dentro del feed se excluye toda clase de contenido que ya has visualizado, o cualquier otro que sea clasificado como SPAM, se trata de una empatía para priorizar la diversión.

El enfoque de esta red social se basa en mantener a cada usuario apegado a la plataforma, también se brinda una perspectiva para tener contacto con más experiencias, la proporción de nuevas ideas y diferentes tipos de creadores es la principal temática.

Domina el algoritmo de Tik Tok

La fórmula mágica para obtener mejor posicionamiento sobre el algoritmo de Tik Tok son las siguientes estimaciones:

Consigue cada vez más likes.

Genera más comentarios.

Publicar primero que otros contenidos similares.

Contar con más seguidores.

Instaura sonidos que sean genuinos u originales.

Entender esta medida controla el funcionamiento de esta red social para alcanzar el éxito esperado, aunque pueden intervenir otros factores adicionales como lo es el historial del usuario, las acciones del dispositivo y también la ubicación, se trata de una medida personalizada, pero sobre la plataforma lo más importante es obtener likes.

Ante alguna tendencia se puede producir un empate sobre un video, y la forma de destacar uno de otro es por medio de los comentarios, lo demás es considerar el número de seguidores, además del filtro de un idioma, el factor a considerar es la medida de la cantidad de videos entre el contenido que puedas crear.

Mientras el sonido sea original, siempre se va a posicionar en primer lugar, por ello es un entorno dedicado por completo a la creatividad, ya que mientras más se pueda innovar, mejores resultados se terminan produciendo, esta es una oportunidad aunque estas reglas se pueden romper con videos con la etiqueta de oficial.

Trucos ideales para tus videos en Tik Tok

Más allá del funcionamiento básico de Tik Tok, es valioso que conozcas trucos que te abren todas las alternativas para abarcar todo lo que ofrece red social, donde resaltan los siguientes puntos:

Cómo grabar dúos en Tik Tok

Una modalidad tan atractiva dentro de las redes sociales es un dúo, todo usuario que pueda ofrecer este tipo de interacción brinda un mejor impacto, sobre todo cuando se realiza por medio de alguna colaboración con un influencer, todo consiste en recrear un video que posea diálogos, para que la otra persona pueda asumir el otro rol.

Este tipo de acción o contenido se puede hacer viral de forma eficaz, aunque es necesario tener acceso a los videos que poseen opción de habilitar dúos, de ese modo se presenta una impresión mucho más divertida, y los seguidores de ambas cuentas pueden hallar ese tipo de contenido para crecer en conjunto.

Cómo se desarrollan las reacciones en Tik Tok

Dentro de la importante variedad de funciones de Tik Tok se encuentran las reacciones, esta es una forma para interactuar que conecta a muchos usuarios, esto se lleva a cabo por medio de un simple clic para lograr presionar la opción de compartir que se encuentra justo en el apartado donde surge la opción de "reaccionar" para grabar el comentario.

Cómo se usan las transiciones

Uno de los elementos de moda dentro de Tik Tok son las transiciones, uno de los efectos que causó alucinaciones sobre cualquiera es el famoso "cambio de ropa", todo gracias a que esta red social permite en un segundo obtener este tipo de efecto de forma sencilla, todo esto se desarrolla por medio del temporizador.

Para grabar sobre el mismo clip lo que debes hacer es mantener en una misma posición al dispositivo, y luego empiezas a grabar el siguiente video al cambiarte de ropa, conservando la misma posición anterior, de ese modo se puede ir jugando y explorando con las transiciones, esto y mucho más se puede hacer desde Tik Tok.

Toda la variedad de efectos es de primer nivel para que cada marca u objetivo personal obtenga una visión mucho más creativa, es una forma dinámica para lograr presentarse al mundo por todo lo alto, es una acción diferente para mostrar un contenido exclusivo y que se pueda ganar el agrado de la audiencia.

Cómo subir tu propio audio sobre Tik Tok

Al publicar contenido en Tik Tok se encuentra la opción de insertar tu propio audio sin ningún problema, este tipo de originalidad es muy bien recibida por parte de la aplicación, ayuda a escalar hacia un mejor ritmo de tráfico, por ello es una acción importante para contar con el tipo de visibilidad que necesitas, solo debes llevar a cabo estos pasos:

Realiza la grabación de un video en Tik Tok a través de tu voz.

Coloca en privado el video.

Vuelve a realizar la grabación del video, pero debes dirigirte hacia el video en privado que posee tu voz, y puedes empezar a usarla con libertad.

Debes asignarle nombre a la voz porque de este modo la puedes posicionar en Google para tener mayor interacción.

Aprende a realizar los doblajes

El funcionamiento de Tik Tok con los doblajes es interesante para conformar todo tipo de escenas, donde el primer paso clave es aprender muy bien lo que piensas simular para que luego te encargues de vocalizarlo con libertad, mientras tengas en mente los diálogos no tendrás problema alguno.

Es mejor utilizar a velocidad lenta el sonido, para que luego cuando se publique obtenga una visión a velocidad normal y vas a quedar al mismo ritmo que el audio original, de ese modo nada se podrá pasar por alto, es sencillo pero muy eficaz este tipo de alternativa, para que no renuncies a esta interacción.

Cómo integrar texto a tus videos en movimiento

Lo mejor de Tik Tok es que dentro de sus funciones u opciones puedes agregar textos con facilidad, estos pueden desaparecer y aparecer sin problemas, esta personalización se ajusta al ritmo de la música con libertad, una vez esté grabado, selecciona el icono "A" para organizarlo sobre el video, y al posarte sobre los diálogos puedes elegir la duración.

Cómo agregar voz en modo off a tus videos

Uno de los efectos geniales que ofrece Tik Tok es la opción de poder grabar tu voz de forma libre en off, esta integración causa que un video pueda obtener un gran desenlace, es compatible para tutoriales, explicaciones y cualquier tipo de escena gráfica que necesite de un acompañamiento de sonido.

Cómo ajustar y editar un video dentro de Tik Tok

Al usar Tik Tok es importante que puedas olvidarte de aplicaciones externas, ya que todo se encuentra integrado sobre sus opciones, dentro de las cuales se encuentra la edición sobre los clips, con una importante variedad de filtros, es parte del ofrecimiento de esta red social.

Check list de forma previa para subir un video

Los pasos previos para lograr que un video sea justo como aspiras y con una gran visibilidad son muy importantes, dentro de los cuales resaltan las siguientes medidas:

Integra una música de forma previa a la grabación del video, la duración esperada es de 15 segundos sino se cortará.

Es importante que los textos que se insertan en el video puedan ocupar una zona central o lateral que no pueda opacar al contenido, lo importante es que se lea bien.

Inspecciona el copy que forma parte del video, luego de ser publicado esto no se puede editar y genera más inconvenientes.

Utiliza alrededor de 3 o 6 hashtags para que el video pueda obtener el alcance y la visibilidad esperada.

Es importante integrar la portada al video para que sea un llamado de atención sobre el feed.

Cuenta con frases como llamados a la acción para ganar comentarios e interacción.

Limitaciones presentes en Tik Tok

Antes de ser parte de Tik Tok es esencial conocer a profundidad los pasos o las acciones que no puedes pasar para no ganar problemas; lo primero es que solo se pueden seguir 200 cuentas diarias, no se pueden agregar dos sonidos sobre un mismo video, en algunos casos los efectos varían para cada tipo de cuenta y solo se pueden 500 likes al día.

Utiliza música patrocinada por Tik Tok

Cuando buscas encontrarte con una cuenta de mayor alcance, es importante hallar audios patrocinados por Tik Tok, este tipo de audios posee un icono azul que quiere decir que se encuentran patrocinados, esa es la mejor forma para ganar visibilidad.

Las mejores aplicaciones para conseguir seguidores en Tik Tok

La aparición de aplicaciones para ganar seguidores en Tik Tok tiene mucho que ver con todo el revuelo que ha generado esta red social, pero es importante conocer cuáles son las más efectivas o las falsas, para que no pierdas el tiempo y puedas crecer como aspiras dentro de esta red social.

En la actualidad existen toda una gran infinidad de aplicaciones para crecer de forma exponencial en Tik Tok, los métodos se han diversificado cada día, lo importante es tomar como requisito principal que obtengas seguidores reales, y sin tener que pagar, estas son dos estimaciones a considerar.

Es importante tomar en cuenta que muchas aplicaciones brindan seguidores temporales, por ello se trata de una ayuda primaria que necesita ser reforzada con atención y constancia para no descuidarse, de ese modo cuentas con un perfil y una concurrencia que te conducirá por buen camino dentro de esta red social.

Dentro de la tienda Play Store se encuentran miles de opciones de aplicaciones para Android, por ello para ahorrarte malas experiencias sobre esta red social puedes elegir dentro de las siguientes alternativas la que mejor cubra tus necesidades:

New BoostLike

Esta aplicación posee un funcionamiento en inglés pero esto no será problema ya que sus opciones son fáciles de usar, esto se debe gracias a que la interfaz es intuitiva y responde a tus necesidades, gracias a que dentro de sus funciones logras aumentar de número de seguidores e incluso sobre los likes de los videos que realices.

Más de 50.000 usuarios han descargado y usado esta aplicación, además no ocupa mucho espacio sobre tu dispositivo ya que pesa 4 MB, por esta razón existen diversas facilidades para la instalación de la aplicación, y se puede asociar con varias cuentas de Tik Tok al mismo tiempo para poner en marcha sus funciones.

Tik Booster fans

El funcionamiento de Tik Booster fans es ideal para aumentar la cantidad de seguidores en Tik Tok, se trata de una aplicación totalmente gratuita que ayuda a ganar likes e incluso contar con fanáticos reales para que logres conformar un perfil ideal dentro de esta red social, adicionalmente se encuentra la función de conseguir comentarios sobre los videos.

La dinámica de esta aplicación se basa en un follow x follow, por ello debes seguir a los usuarios que se encuentran tras una lista que brinda la aplicación, y esto al instante te devolverán el follow, es un intercambio para contar con una audiencia real hasta contar con un perfil mucho más atractivo.

Realfollowers.ly

En tercer lugar, se encuentra Realfollowers.ly una opción muy popular dentro de la comunidad de usuarios de Tik Tok, esto se debe a que su funcionamiento es distinto, ya que se encarga de realizar y funcionar por medio de un análisis sobre la cuenta y la de cada uno de tus seguidores para emitir recomendaciones de hashtags.

Al momento de realizar alguna publicación, puedes utilizar estas etiquetas para ganar mayor visibilidad ante los usuarios y llegar a ser todo un influencer, lo mejor de todo es que no necesita un registro previo, ni siquiera se requiere brindar más información sobre la cuenta, es seguro y te brinda estrategias para llegar a ser viral sobre esta red social.

TikBooster

TikBooster es una de las aplicaciones más amadas para conseguir seguidores, de hecho lidera el ranking de este tipo de aplicaciones en muchos sitios web, sus funciones son muy sencillas de usar, y además posee integrado un juego de cartas, a través del cual se asigna el número de fans que ganas y se añaden a tu cuenta en tan solo 24 horas.

Para iniciar con esta aplicación solo debes ingresar tu usuario para que la aplicación pueda asignar a tu cuenta los nuevos seguidores que has ganado, por esta razón no se corre algún tipo de riesgo, puedes utilizar esta aplicación con total seguridad y es divertido por su rápido funcionamiento.

TikFame

Dentro de estas aplicaciones Android, surge TikFame para apoyarte a que seas famoso dentro de esta red social, permite ganar hasta más de mil seguidores reales cada día, sus funciones son totalmente gratuitas, a lo que se suma la extensión de recomendaciones para que ganes un mayor nivel de popularidad sobre esta red social.

Al usar esta aplicación puedes hallar los hashtags que se adapten mejor a la temática de tu contenido, esto permite crear mejores reacciones sobre tus videos y seguir escalando en esta red social, otro tipo de truco que posee es la opción de falsificar tus estadísticas para que se cuente con un perfil más contundente.

TikLiker

TikLiker es una de las aplicaciones indicadas para crecer en Tik Tok, si lo que buscas es ganar muchos "Me Gusta" este es el medio que necesitas, además genera comentarios sobre el contenido que publiques en Tik Tok, en el caso de ganar seguidores se activa esta opción por medio de un sistema de juego que asigna tus oportunidades.

El uso de esta aplicación es totalmente gratuito, en medio del juego vas ganando monedas que permiten llevar a cabo más funciones como lo es el análisis de tu perfil, además de seguir de cerca tu perfil para emitir hashtags para lograr mejorar el alcance sobre esta red social.

Vip Tools

Una gran aplicación para contar con una gran cantidad de seguidores es Vip Tools, cuenta con importantes funciones y herramientas tras una simple descarga, su misión es brindarte más visualizaciones, junto con followers o likes, a esto se suma la opción de conseguir información sobre otra clase de usuarios.

La puesta en marcha de esta aplicación se pone en práctica con tan solo introducir el nombre de tu usuario, para ofrecer una gran porción de información, luego puedes contar con la acción de seguir a cada uno de estos usuarios de un solo golpe o ser incluso un poco más selectivo, las opciones están a tu disposición.

¿Es seguro utilizar aplicaciones para ganar seguidores en Tik Tok?

La mayoría de las aplicaciones cuentan con un valioso nivel de seguridad para usarlas y ganar seguidores en Tik Tok, sin embargo la principal precaución que debes tener es la de no revelar tu contraseña por ningún motivo, además cuando surge algún anuncio u opción de pago es importante consultar que sea oficial, la mayoría son gratuitas.

¿Cómo conseguir más likes o me gusta en Tik Tok?

Para tener la admiración y atención de más usuarios en Tik Tok, necesitas concentrarte ante todo en la creación de contenido de primer nivel, de este modo puedes obtener un mejor encanto sobre tus seguidores, para que empieces a brindarle a cada usuario lo que desea, mientras más contenido mayor número de likes sobre las publicaciones.

Soluciones hack para ganar seguidores

Para ganar un mayor nivel de presencia sobre Tik Tok puedes utilizar ciertas herramientas de terceros que te van a ayudar a llegar al nivel que esperas, estas son las que debes conocer y utilizar:

Media Mister

Media Miser es un aliado para generar una gran presencia sobre los medios sociales, cada cuenta se puede potencializar con estas funciones, sus servicios son dirigidos hacia usuarios de Facebook, Instagram, YouTube y por supuesto Tik Tok, su finalidad es conseguir likes, seguidores e incluso análisis sobre la cuenta.

Puedes hallar servicios de promociones por medio de esta herramienta, siendo un gran aporte para compartir la cuenta de Tik Tok sobre otras redes sociales y ganar tráfico dentro de tu contenido, debes conocer esta alternativa para ir mejorando la presencia dentro de esta red social y combinarlo con tu contenido de valor.

TikTokFans

Esta es una opción para que puedas mejorar el número de seguidores y también disponer de ese tipo de seguimiento, sus funciones son gratuitas y proporciona estadísticas para que en vivo puedas notar la cantidad de seguidores, donde además puedes comparar el margen de lo que has ganado y la actividad que genera.

Grabsocialer

Grabsocialer se postula como un sitio web que te brinda apoyo para ganar un mayor número de seguidores, pero también es un alojamiento de servicios de marketing dedicado para medios sociales, esta plataforma de forma gratuita brinda una amplia asistencia para no dejar a un lado el deber de plasmar buen contenido.

Trollishly

Se trata de un instrumento dedicado a la mejora de seguidores dentro de Tik Tok, cuenta con una gran elección de paquetes para que puedas elegir el que mejor se adapta a tus necesidades, en menos de una hora puedes empezar a disfrutar de las mejores funciones para crecer de forma exponencial sobre esta red social.

The Social Grower

The Social Grower es un sitio destinado a la ayuda de conseguir mayor relevancia sobre tu cuenta, ese nivel de popularidad que buscas se encuentra sobre este sitio web que cuenta con importantes servicios de consultoría para también hallar soluciones sobre el diseño web y marketing.

SocialPromoter

La alternativa de SocialPromoter se encarga de ofrecer trucos para que los usuarios puedan elevar la cantidad de likes en Tik Tok con total libertad, esta fuente de servicios en línea es una gran alternativa para llevar a cabo estrategias de marketing para lograr llegar a monetizar a videos.

Tiktok Guru

El uso de Tiktok Guru es un truco ideal que se puede emplear para potenciar la escalada a más seguidores, su funcionamiento es totalmente en línea y no tendrás que realizar alguna descarga, para que puedas comprar likes o tener acceso a la suscripción que se ajuste a tus necesidades.

SMMPortal

Es un instrumento encargado de impulsarte a ganar seguidores, además se encuentran diversos paquetes que puedes comprar para que lo uses como una especie de refuerzo sobre las demás plataformas sociales, lo esencial es que puedas cuidar tu presencia en todos los sentidos.

Dónde comprar likes, seguidores y views para Tik Tok

Las opciones para comprar esa interacción que necesitas para crecer en Tik Tok son muy diversas y necesitas contar con mayor seguridad para ello, de esta forma puedes aprovechar el tráfico que genera una aplicación que forma parte de la tendencia mundial, para que puedas disfrutar de las amplitudes de esta plataforma para tu marca.

Tik Tok es una aplicación por la cual vale la pena invertir, está pasando por encima de Facebook, Instagram y Twitter, y es más sencillo por ser un servicio para compartir videos, se abre una gran oportunidad para ser creativo y hacer crecer un mensaje comercial o tu propia carrera como influencer.

Los datos de BBC arrojan que esta red social arroja un ingreso anual de $26 hasta $32.000, por ello es una ganancia que se convierte en un gran atractivo por ello es una gran opción realizar inversión por comprar Me gusta, views y también seguidores, estas son acciones básicas que te hacen despegar hacia el mejor sentido.

Pero el efecto de entretenimiento también se vuelve atractivo, junto con la opción de generar dinero, pero para ello es necesario trabajar y optar por todos los medios para escalar hacia una gran cantidad de "Me gusta", vistas y seguidores, esa es la fórmula para que obtengas mayor presencia y puedes invertir en ello a través de estas opciones:

TokSocial

La alternativa de TokSocial es una gran medida para que encuentres servicios que no arrojen spam, con esta acción no tendrás que preocuparte por seguidores falsos, todo gracias a que solo cuentas reales van a seguir tu cuenta, por esta razón es una herramienta paga que genera garantías.

Tik Social

Esta herramienta te garantiza que sigas creciendo dentro de esta red social, puedes escalar otro nivel con los resultados de presencia que brinda, además no tendrás que preocuparte por alguna duda, ya que exponen un soporte incondicional, esto se suma con un sistema de entrega rápida para que sigas creciendo en el mundo de esta plataforma.

Viraholic

La capacidad de Viraholic te ayuda a que obtengas otro nivel de impresión por medio de sus diferentes paquetes de servicios, estos pueden ser TikTok Starter, TikTok Influencer o TikTok Future Star, los precios son variados según cada función que ofrezcan estos paquetes, por ello puedes elegir con comodidad.

TokUpgrade

Una gran recomendación para hallar me gusta, vistas y seguidores en Tik Tok es TokUpgrade, se trata de una gran plataforma destinada al marketing, es uno de los sitios con mejores precios, puedes encontrar respuestas para que tus videos suban de nivel e incluso para expandir la audiencia en línea.

Leo Boost

Leo Boost es uno de los servicios particulares por sus modos de pago, ya que no posee la disponibilidad con PayPal, pero no dejar de ser una gran opción para retener mayor cantidad de interacción, sobre todo cuando buscas crecer como influencer, es un buen comienzo para que tu canal sea ideal.

Musicalmente Po

Esta compañía no es muy conocida en el mercado pero cuando buscas opciones baratas esta es la solución, ya que sus costos parten desde $1.99 donde los servicios se gestionan de forma rápida para que tengas una entrega factible, debes prestarle atención a este sitio web para crearte una identidad en Tik Tok,

Tik Tok rompe con cualquier barrera

El funcionamiento de la aplicación genera una elevada adicción sobre todo en los últimos años, donde presenta un elevado potencial para que sea una plataforma ideal donde se desarrollan formas de marketing que se ajusten a tu temática, y ante todo es la presencia en redes sociales que necesitas.

El contenido de valoren Tik Tok te puede convertir en un gran influencer, como también ayuda a que una marca pueda escalar hasta el nivel que esperas, todo gracias a la conexión creativa que se produce con cada usuario de forma directa, sobre todo por el acompañamiento que se puede realizar con productos publicitarios.

Para llegar a más lugares en el mundo esta red social es una brillante alternativa, donde lo principal sea tomar en cuenta tu ofrecimiento para explorar las funciones de esta aplicación, al crear ese nexo, podrás crecer y monetizar cuanto antes, donde lo esencial es mantener la cuenta concurrida de contenido.

Ante tantos mercados emergentes, es importante considerar este tipo de aplicación, porque tu contenido puede llegar a ser viral con muy poco esfuerzo en comparación del pasado, la publicidad ha innovado a un alto nivel con la inclusión del video, para no agobiar a la audiencia, sino más bien ser agradable y lograr el efecto esperado.

Otros títulos de Red Influencer

Secretos para Influencers: Growth Hacks para Instagram y Youtube

Secretos Prácticos para Ganar Suscriptores en Youtube e Instagram, Crear Engagement y Multiplicar el Alcance

¿Estas empezando a monetizar en Instagram o Youtube?

En este libro encontrarás Hacks para aumentar tu alcance. Secretos para Influencers directos y claros como por ejemplo:

Automatizar publicaciones de Instagram
Como generar tráfico en Instagram, trucos de 2020
Algoritmo de Instagram 2020, aprende todo lo que necesitas saber
Instagram tips para mejorar la interacción de nuestros followers
18 Formas para ganar seguidores en Instagram gratis
Aprende con nosotros cómo monetizar tu perfil de Instagram
Webs Clave para conseguir de seguidores en Instagram Rápidamente
Tendencias Instagram 2020
Guía 2020: Cómo ser youtuber
Cómo ser Youtuber Gamer
Hacks de 2020 para tener más suscriptores en YouTube
Hacks para posicionar tus vídeos de YouTube en 2020
Hack para Youtube, Cambiar Botón de Pausa por el de Suscripción

Un libro que con que verás tanto los aspectos generales como lo que se necesita para lograr vivir de la profesión de influencer.

Tratamos sin tapujos temas como la compra de seguidores, y hacks para mejorar la interacción. Unas estrategias BlackHat a tu alcance, que la mayoría de agencias o Influencers no se atreven a reconocer.

En Red Influencer llevamos más de 5 años asesorando a MicroInfluencers como tú a crear su estrategia de contenidos, a mejorar su alcance e impacto en redes.

Si quieres ser un influencer, este libro es imprescindible. Ya que tendrás que desarrollar conocimientos sobre las plataformas, las estrategias, las audiencias y el modo de llegar a un máximo de visibilidad, y así monetizar tu actividad.

Tenemos experiencia con Influencers de todas las edades y temáticas, y tú también puedes serlo.

Consigue este libro y empieza a aplicar los secretos profesionales para Ganar Seguidores y Ser Influencer.

Se trata de una guía práctica de un nivel medio y avanzado para Influencers iniciados, que no ven los resultados esperados o que se encuentran estancados.

Y es que la estrategia y el engagment son factores tan importantes como el volumen de suscriptores, pero existen Hacks para potenciarlos, en en esta guía encontrarás muchos de ellos.

No importa si quieres Ser Youtuber, Instagrammer o Tuitero, con estas estrategias y claves podrás aplicarlas a tus redes sociales.

Sabemos que ser Influencer no es fácil y no vendemos humo como otros, todo lo que encontrarás en este libro es la síntesis de muchos casos de éxito que han pasado por nuestra agencia.

El Marketing de Influencers ha llegado para quedarse digan lo que diga. Y cada vez son más los embajadores de las marcas. Personas que, como tú, empezaron a trabajar su marca personal y a orientarse a un nicho específico.

¡Desgranamos al detalle todos los secretos del sector que mueve millones!

Podrás aplicar nuestros tips y hacks a tus estrategias en Redes Sociales para aumentar el CTR, mejorar la fidelización y disponer de una estrategia sólida de contenidos a medio y largo plazo.

Si otros han podido llegar a monetizar con constancia, dedicación y originalidad, ¡Tú también puedes!

En nuestra plataforma redinfluencer.com contamos con miles de usuarios registrados. Un canal de contacto a través del cual podrás ofrecer tus servicios en un markeplace de reviews para marcas, y al que llegarán ofertas a tu correo de forma periódica.